Poèmes Victor

www.facebook.com/victor.poemes

© 2019, Victor Zabatt

Edition : Books on Demand,
12/14 rond-Point des Champs-Elysées, 75008 Paris
Impression : BoD - Books on Demand, Norderstedt, Allemagne
ISBN : 9782322188857
Dépôt légal : novembre 2019

Absinthe

Les yeux noirs

Les cheveux noirs

C'est mon absinthe

Quand vient le soir

Je m'enivre

D'affection

Ma tête tourne

Je deviens rond

Quelques rondeurs

Qui lui font peur

Des arrondis

Courbes radieuses

Le souffle court

Quand elle s'approche

Plus de discours

Faut qu'on s'accroche

Ma main se pose

Sur sa joue

Une glissade

Que rien accroche

Fluide jovial

Qui te rend fou

Comme cet alcool

Qui tord le cou

On s'égare

Dans les regards

On se retient

Le temps d'un rien

Les yeux noirs

Les cheveux noirs

Joli reflet

Dans ce miroir

Au ciel

Lève les yeux au ciel

Vers ce bleu sans pareil

Là haut tout est écrit

L'amour et le mépris

Ton destin il s'efface

Avec les jours qui passent

Dans cet épais brouillard

Essayer de le voir

Un horizon lointain

Le tenir dans la main

S'accrocher à ses rêves

Bien avant qu'il nous crève

Un futur qui s'étire

À pleurer ou à rire

Des larmes à gommer

Pour des épais sourires

Il faut nous serrer fort

Écraser les remords

Le temps est assassin

Il ne laissera rien

La peur et les angoisses

Cette grande mélasse

Mélange au goût amer

À recracher par terre

Prenons tout ce qui passe

Dans une grande nasse

Aujourd'hui il fait beau

Demain on ne sait pas trop

Aux larmes citoyens

Ami entends tu les cris sourds du pays

Ces appels chaque jour

Qui réveillent nos nuits

Ça gronde ça gronde

Un ciel qui se noircit

Des trombes de promesses

Dissipées dans le gris

Ami entends tu que toutes tes envies

Finiront dans tes rêves

Que tu trouves jolis

Aux larmes citoyens

Rangez tous vos mouchoirs

L'avenir vous appartient

Écrit dans les grimoires

Formez vos bataillons

Sans violence sans jurons

Exprimez cette colère

Pour pas finir à terre

Ces appels au secours

Envahissent les tours

Relayés par les cris

Des métiers oubliés

Il faut sonner l'alarme

Envoyez les sirènes

À ceux qui tiennent les rênes

Pensez à ceux qui trainent

Ami le sais tu que dans ce beau pays

Les révoltes et l'espoir

Ont écrit notre histoire

Chuchoté

J'ai chuchoté

À l'oreille

Des mots

Et merveilles

Une constellation

De rimes

Et de sons

Acouphène

J'ai croisé

Ton ombre

Dans mes rêves

Une doublure

Qui me suit

Quand la lumière

Se lève

J'ai posé sur tes lèvres

Une envie

Qui nous crève

Un rapprochement

Soudain

Jusqu'au

Petit matin

J'ai décoré

Nos songes

D'un amour

Qui renverse

J'ai tapissé

Ma vie

D'un béguin

Sans répit

Je suffoque

Je suis vide

C'est la panne

Des sens

Quand trop loin

Tu t'enfuis

Je ne sais

Plus l'heure

Ni le jour

Ni la nuit

Mon horloge

S'arrête

Dès la porte

Franchie

Je ne veux plus

De trêves

Ne plus

Perdre de temps

Que le soleil

Nous lève

Chaque jour

Pour longtemps

Demain

Je parie que demain

Tu te feras jolie

Du rouge au bout des mains

Et des lèvres vernies

Un léger maquillage

Pour embellir tes pages

Des rides éphémères

Juste le temps de plaire

Je parie que demain

On se pendra la main

Cette chaleur oubliée

Dans nos moments glacés

On écrira le soir

Des romans de velours

Enfermés dans le noir

Jusqu'au lever du jour

Je parie que demain

S'envolent les chagrins

Et ces mouchoirs mouillés

Qu'il nous faudra brûler

On mêlera nos racines

De la tête à nos pieds

Tous ces vents qui fascinent

Ne pourront t'arracher

Je parie que demain

Tu viendras m'enlacer

Chuchoter à l'oreille

Tous ces mots oubliés

Je poserai ma main

Sur cette joue rosée

L'autre main emmêlée

Dans tes cheveux froissés

Je parie que demain

On pourra conjuguer

Ce verbe pour Aimer

Le temps nous est compté

S'aimer à tous les temps

Au futur au présent

Le sinistre passé

Je l'ai décomposé

Je parie que demain

Tes veines vont s'ouvrir

Un afflux de sang

Pour ce cœur à nourrir

Le rythme d'un tambour

Sur un fond de bruit sourd

Une cadence à offrir

Plus beau que les discours

Je parie que demain

Je serai à tes pieds

Les deux genoux à terre

Les yeux écarquillés

Tu verras dans mes yeux

Des fragments de nos rêves

Tu liras sur mes lèvres

Des mots voluptueux

Je parie que demain

La descente

Il avance seul dans la brouillard

Son avenir n'est pas pressé

À force il ne va plus rien voir

Seul l'inconnu pour le guider

Il vit sans gloire un peu paumé

Peu à manger beaucoup à boire

Un abimé de la société

Destin cassé pour des dollars

Mis au placard pour des années

Un paria de la technocratie

Au diable ces travaux forcés

Chaussures vernies non merci

Son patron a décidé

De le jeter au pilori

Broyé comme une feuille de papier

Son horizon est en bouillie

Le froid la crasse et les godets

Ses seuls compagnons du mépris

Des traces qu'il ne peut effacer

Des refuges pour chaque nuit

Sa vie est noire comme ce tunnel

Pas de lumières ni d'éclaircie

Il attend cette étincelle

Pour rallumer cette mèche d'envie

Il est toujours entre deux eaux

Pas moyen de faire surface

Pour sortir la tête de l'eau

Il cherche la force dans ses angoisses

Sa femme ses amis sont partis

Ils ont tout pris même la chaleur

Quand on pourrit comme un vieux fruit

On se réfugie dans le malheur

La vie

La vie est une échelle

Qu'on gravit chaque jour

Un barreau qui glisse

C'est ta vie qui dévisse

La vie c'est croire au ciel

Quand en bas de l'échelle

On implore les cieux

Pour déployer ses ailes

Ta vie est sur un fil

Quand tu ne sais pas marcher

Sur la pointe des pieds

Équilibre forcé

La vie elle s'emmêle

Un mélange que l'on aime

Espoir sempiternel

De belles convoitises

La vie est un supplice

Quand par malice

Elle invente des règles

Proches du précipice

La vie elle t'étouffe

Quand elle est à la traine

Besoin d'un second souffle

Une envie d'oxygène

La vie elle te rappelle

Que le temps s'efface

Comme ce tableau noir

Barbouillé à la craie

La vie est un secret

Enfoui dans la mémoire

Inutile de creuser

Il est déjà trop tard

L'avenir

Mon avenir

Est sur un fil

Un funambule

Que tout bouscule

Je continue

À lui sourire

Fermer une page

Au crépuscule

Un disque rayé

Sur le mot j'aime

Je change de face

Autre rengaine

Mon avenir

N'est plus le même

Une autre histoire

Autre oxygène

Une nouvelle bouffée

D'air pur

Pour avancer

Loin dans la plaine

Sentir le souffle

Qui t'entraine

Loin des tourments

Qui se déchaînent

Mon avenir

Une fissure

Trouble vision

De mon futur

Les cons

Je renverse mon verre

Pour dénigrer les cons

Ces satellites amers

Qui gravitent sur terre

Ils répandent la guerre

La peur la déraison

Ces armes singulières

Qui détruisent la raison

Un cerveau en galère

Épais comme un oignon

Un manque de connexion

Seuls les pieds sur la terre

Le langage des fiers

Pour conserver le ton

Ils se noient dans la bière

Jusqu'à toucher le fond

Une démographie

Qui s'étale chaque nuit

Un peu plus chaque jour

Vers un monde qui s'ennuie

Une salade de mots

Aux saveurs acides

Une pointe de haine

Qu'ils s'injectent sans peine

Un parfum de sans gêne

Aux odeurs piquantes

Qui donne la migraine

Une bouffée urticante

Des tas de dérision

Des amas de rancœurs

Des verbes sans cœur

Aux fades opinions

Élevé dans un rucher

Qui grouille d'impatients

Détruisons cette reine

Avant qu'ils soient conscients

On les entend au loin

Même dans la pénombre

Il en suffit d'un

Pour te faire de l'ombre

Je te salue Marie

Écoute ma requête

Je veux croire aux miracles

Qu'ils quittent la planète

Les rêves

Les jours les nuits

Sont tes amis

Quand ils t'emportent

Dans tes rêves

Pas de semblant

Pas de répit

Juste impatient

Avant qu'ils fuient

Ils sont en boules entremêlés

Une pelote de couleurs

Un arc en ciel d'envies mêlées

Mélange d'amour et de sueur

On voudrais tirer ce fil

Pour arpenter ces escapades

A la poursuite d' illusions

Une aquarelle de fictions

Des rêveries qu'on affectionne

Pour s'échapper du monotone

Enrober ces fantaisies

Pour savourer cette boulimie

Ils s'étalent pendant des heures

Juste le temps pour un ailleurs

Une parodie dans le futur

La vision d'une vie meilleure

Des cocons d'espérance

Pour tous ces destins amochés

Des réserves d'espoir

Des dignités à redorer

Restons plongé dans nos songes

Ne rallumons pas la lumière

Une évasion les yeux fermés

S'égarer dans l'univers

Ma patrie

J'aime mon pays

J'aime ma patrie

Même si parfois

Les jours sont gris

À ceux qui crachent

Moi je leur dit

Va voir en face

Si c'est pourri

La politique

La religion

Tous bien rangés

Dans un carton

Des artifices

Pour l'opinion

Des sacrifices

Sans horizon

Des mains calleuses

Une peau rugueuse

Des campagnards

Joli terroir

Un dur labeur

Parfois ils crèvent

Dans la sueur

Qui les achève

Que de révoltes

De sang versé

Pour savourer

La liberté

Une douceur

Au goût amer

Partagée

Par toutes ces mères

De colères

En cris de guerre

Tout s'est écrit

Dans de grands cris

Du désespoir

Jusqu'à l'espoir

Une boulimie

De tendre vie

Une fierté

De déposer

Une trainée

Sur ce passé

D'appartenir

À cette histoire

Pas à rougir

Des souvenirs

À nos enfants

Que l'on chérit

Qu'ils n'oublient pas

Toutes ces larmes

Ces bruits ces peurs

Cette clameur

Pour embellir

Notre patrie

Ma télé

Ce soir c'est l'écran noir

Ma télé m'a lâché

À cause des séries noires

Qu'elle n'a pas supporté

Hier c'était la guerre

La crise pétrolière

Le dollar la finance

C'était perdu d'avance

Je l'ai vue dans la transe

Je sais à quoi elle pense

À cette redevance

Son aliment salé

J'ai marché sur la lune

La tête sur l'oreiller

Ces tours dans la brume

Ces colosses affaissés

Joséphine bonne fée

Laisse moi dans le noir

Je préfère ne rien voir

De ce monde dévasté

Tant pis pour les fleurs

Et ces belles couleurs

J'irai seul les cueillir

De mes mains en sueur

Derrière ma fenêtre

Cet écran sans fumée

Je vais aller chercher

Ces odeurs oubliées

Je tire ma révérence

À ces écrans carrés

Me voilà dans l'urgence

Je vais enfin zapper

Marionnette

De bois et de ficelle

Ma vie au bout d'un fil

Un équilibre frêle

À tâtons je piétine

Des histoires sans paroles

Un silence de nonne

Une larme ou un sourire

Sur ma bouille de cire

J'envie tous ces humains

Gourmands de liberté

Je suis un condamné

Aux mains de mon geôlier

Je me tortille

Pour qu'éclatent les rires

Courbe l'échine

Quand les sanglots déchirent

Une maigreur qui s'affiche

À ces regards moqueurs

De tout ça je me fiche

Je partage mon cœur

Je deviens un vivant

Pour épouser le temps

Des minutes qui s'égrainent

Pour ressentir mes veines

Je suis né de cet arbre

Mon corps rempli de sève

Il m'a donné son âme

Une existence saine

Je continue ma route

Logé dans mon carton

Le soir après la foule

Je rejoins ma prison

Mon auto

Mon auto n'est plus mobile

Je vais finir en hippomobile

Elle s'étouffe entre mes mains

Elle m'essouffle chaque matin

Son haleine me désole

Piquante au parfum de pétrole

Des bégaiements au démarrage

À coups de mots je l'encourage

Sa gourmandise est sans limite

Ce nectar qui me défrise

Je vais finir dans la bise

Des patates dans la marmite

Ça cliquette et ça implose

Elle est au bord de la névrose

Je m'emballe sur la pédale

Le cœur vaillant la vie en rose

Sur cet affreux tableau de bord

Des lumières rouges qui s'illuminent

Pas sûr de rentrer à l'aurore

Joli décor pour faire grise mine

La nuit le jour elle est fidèle

À cette blancheur qui s'évapore

Elle nous rappelle ces films Gore

Épais brouillard pour seul décor

Dans les virages bien chaloupés

Une impression de grande marée

Une tourmente ça tangue ça gite

Nouveau remake du Titanic

Elle est marquée par la vie dure

À coups de bosses et de rayures

Pour ces rides indolores

Elle se pavane de mastic

Un chien fidèle jusqu'à la mort

Ce tas de ferraille connait son sort

Boîte se conserve pour épinard

Ou simplement mon corbillard

Mon crayon

Mon crayon est curieux

Il fait bien ce qu'il veut

Il écrit des poèmes

Et parfois des je t'aime

Mon crayon est furieux

Contre toute cette haine

Ces souffrances ces déprimes

Qui lui donnent mauvaise mine

Mon crayon il s'enfonce

Sur ces pages de blancheur

Il s'étire sur le long

Des faits hauts en couleur

Mon crayon même pas peur

Pas l'encre dans sa poche

Pour décrire ce qui est moche

Et toutes les horreurs

Mon crayon il n'est rien

Sans les doigts de ma main

Un amour viscéral

Unis pour qu'on déballe

Mon crayon il respire

Et parfois il transpire

Il aime les débats

Et même les ébats

Mon crayon il m'attend

Fidèle comme un chien

Couché sur ce papier

Jusqu'à la nuit tombée

Mon crayon mon ami

Fidèle confident

Je te garde dans ma poche

Pour fixer le présent

Mon crayon je le taille

Je ne fais pas de détails

Plus piquant ou aimant

Je vais jusqu'à la moelle

Mon crayon je le tiens

Je ne le lâcherai pas

Sans lui je ne vaut rien

Mais lui ne le sait pas

Pas drôle

Le coq chante
Le chat miaule
Les vaches meuglent
Mais c'est pas drôle
Qui sont ces gens
Qui ne raffolent
Que de silence
Leur vie m'affole
ils veulent tous croire
Que la nature
S'achète se vend
Comme une peinture
Les chants d'oiseaux
Et les cigales
Auront leur peau
Une arme fatale
C'est une fronde
Aux impatients
Montez le son
Jusqu'aux tympans
Cette révolte
Une mise en scène
Pour qu'ils s'expriment
Même si ça gène

Une petite place

Une petite place

Dans ton espace

Dans tes poèmes

Pas loin du cœur

Grain de folie

Moudre l'ennui

Le temps d'un souffle

Qui nous enchaîne

Une petite place

Que l'on m'envie

Sempiternel

Éclat de vie

Une petite place

Pour se parler

Lire sur tes lèvres

Enjolivées

Chercher tes yeux

Quand ils me fuient

Quand ils s'égarent

Loin dans les cieux

Une petite place

Pour entasser

Mes rêves bleus

Pour avancer

Toutes ces visions

Pour m'attacher

Même quand le vent

Veut t'arracher

Une petite place

Dans l'irréel

Où tous les anges

Veillent sur elle

Les licornes

Se dévoilent

Pour l'emporter

Dans les étoiles

Une petite place

Pour être en face

Bien accroché

À mes idées

Supplier

L e temps qui passe

D'effacer

Tout ce qui lasse

Plus d'encre

Je n'ai plus d'encre

Pour écrire

Pour faire pleurer

Ou même rire

J'ai plus les mots

Pour décrire

Ce qui est beau

Ou même le pire

J'ai plus de larmes

Pour diluer

Cette tristesse

Que je confesse

J'ai plus de voix

Pour te chérir

Juste du son

Qui fait souffrir

J'ai plus la force

De réclamer

Ce que le temps

Nous a volé

L'été l'hiver

Ou le printemps

Je t'attendrai

Encore longtemps

Des jours nouveaux

En perfusion

Viendront nourrir

Nos illusions

Ces idées noires

Seront blanchies

Cette croûte sombre

Sera polie

Fini les ombres

Sur nos vies

Seul la pénombre

Sur nos nuits

On sombrera

Dans ces délits

Douce violence

Qui nous unit

On décrira

Toutes nos envies

Dans nos palabres

Sans répits

Quand le moment

Sera venu

La grande faucheuse

Sera l'intrus

Respire

L'amour que je respire

Un amour non vicié

Une bouffée de délire

Une apnée pour aimer

Cœur de pierre ou cœur de verre

Peu importe la matière

Quand il bat et se débat

C'est pour ta sève qui coule en moi

Des sourires et même des rires

Des aliments pour me nourrir

Je suis gourmand de ces délires

Une opulence quand tu es là

Ton odeur qui m'enivre

Qui m'emporte à la dérive

Un courant qui nous fait vivre

Bien accroché à nos émois

La nuit le jour plus de repères

Le temps s'efface même la lumière

Le vent est tombé dans la mer

Tête baissée j'avance vers toi

Des illusions qui se dessinent

Dans ce terreau tout prend racine

Un horizon qui s'illumine

Ta présence est une foi

Une page

J'ai tourné cette page

Épaisse comme une vie

J'ai brisé ce mirage

Loin de tout je m'enfuis

Je crois qu'il est plus sage

Que nos regards se fuient

J'ai perdu cette rage

Ce désir que tu luis

Il n'y a pas d'âge

Pour les amours percés

Après l'orage

Mon cœur s'est dispersé

Des plaies grande ouvertes

Qu'il faut cicatriser

Ouvrons cette fenêtre

Changeons cet air vicié

Le temps va nous aider

À vaincre ces tourments

La paix s'est engagée

À prendre les devants

L'amour emprisonné

Au fond de cette bouteille

Ne pourra s'envoler

J'ai découpé ses ailes

www.facebook.com/victor.poemes